LE GUIDE DÉFINITIF POUR MAÎTRISER LE BITCOIN ET LES CRYPTO-MONNAIES

ÉCHANGEZ ET INVESTISSEZ DANS LES CRYPTO-MONNAIES EN TOUTE CONFIANCE

WAYNE WALKER

© Copyright 2018 par Wayne Walker, tous droits réservés.

Ce livre a été rédigé dans le but de fournir des informations aussi précises et fiables que possible. Il convient de consulter des professionnels, le cas échéant, avant d'entreprendre l'une des actions préconisées ici.

La présente déclaration est jugée équitable et valide par l'American Bar Association et le Comité de l'Association des éditeurs et est juridiquement contraignante sur tout le territoire des États-Unis.

En outre, la transmission, la duplication ou la reproduction de l'un des travaux suivants, y compris des informations précises, sera considérée comme un acte illégal, qu'elle soit effectuée sous forme électronique ou imprimée. La légalité s'étend à la création d'une copie secondaire ou tertiaire de l'œuvre ou d'une copie enregistrée et n'est autorisée qu'avec le consentement écrit exprès de l'éditeur. Tous les droits supplémentaires sont réservés.

Les informations contenues dans les pages suivantes sont généralement considérées comme un compte rendu véridique et exact des faits, et en tant que tel, toute inattention, utilisation ou mauvaise utilisation des informations en question par le lecteur rendra toute action en résultant uniquement de son ressort. Il n'existe aucun scénario dans lequel l'éditeur ou l'auteur original de ce travail peut être de quelque manière que ce soit considéré comme responsable de toute difficulté ou de tout dommage qui pourrait leur arriver après avoir entrepris les informations décrites ici.

INTRODUCTION

Nous vous félicitons d'avoir reçu votre exemplaire personnel du Guide définitif pour maîtriser le bitcoin et les crypto-monnaies. Nous commençons notre voyage loin du monde des monnaies émises par les gouvernements vers les crypto-monnaies. Les cinq premiers chapitres vous donneront une solide introduction à l'univers des crypto-monnaies, où vous serez initié à un large éventail de sujets allant de la blockchain au minage. Vous acquerrez également une compréhension large et approfondie des mécanismes qui sous-tendent l'une des crypto-monnaies les plus populaires. Dans les autres chapitres, l'accent est mis sur les applications pratiques du trading. Vous découvrirez les stratégies de trading et le savoir-faire nécessaire pour les appliquer. Vous apprendrez également à exploiter les indicateurs d'analyse technique pratiques qui peuvent augmenter votre capacité à gagner de l'argent. Cela inclut le domaine souvent négligé de la psychologie du trader. Ces sections sont un bonus pour les traders de tous types. Merci d'avoir choisi ce livre !

Remarque : tout au long du livre, les mots numérique, crypto et crypto-monnaie seront utilisés de manière interchangeable.

CHAPITRE 1:
Qu'est-ce que le bitcoin (BTC) ?

Le bitcoin est une monnaie numérique décentralisée (un actif numérique). Il ne s'agit pas d'une action, d'un actif tangible ou d'une pièce de monnaie réelle. Il n'appartient à aucun gouvernement. Vous pouvez transférer de l'argent rapidement sans gouvernement ni banque, moyennant des frais peu élevés. Dans sa forme de base, c'est une grande feuille de calcul, un grand livre public sécurisé. Avant l'argent, il y avait des grands livres. C'est ainsi que les sociétés primitives gardaient la trace de qui avait et faisait quoi. Les crypto-monnaies, comme beaucoup le disent, sont une évolution naturelle dans l'histoire de l'argent, du troc, aux pièces, au papier-monnaie, au numérique.

Sécurisé ?

Quelle est sa sécurité ? Que se passe-t-il si quelqu'un ou un groupe quelconque pirate le grand livre ? Même si 40-49% étaient piratés, la majorité aurait les bonnes informations (le grand livre est décentralisé). Tant que la majorité des grands livres sont d'accord, la transaction est valide. Si une entité tente une attaque à 51 % (majorité), vous devez savoir qu'une attaque de cette ampleur nécessiterait des fonds de l'ordre de 500 millions de dollars pour être menée à bien. En outre, une attaque de cette taille serait remarquée relativement rapidement par le réseau.

Clés et portefeuilles

Il existe une clé privée secrète et une clé de vérification publique. La clé privée est celle qui vous donne accès à votre compte. La clé publique est utilisée pour envoyer ou recevoir de l'argent. Si vous ne disposez pas de la clé privée, vous ne pouvez pas déplacer une pièce. Votre "portefeuille" contient votre clé privée. Un portefeuille Bitcoin est plus ou moins l'équivalent d'un portefeuille physique. Votre porte-monnaie indique également vos transactions sur le grand livre.

Pourquoi le bitcoin (BTC) ?

Déplacer de l'argent ou régler des transactions est coûteux et fastidieux. Il y a les obstacles que sont les écarts de change, les taxes, les frais bancaires et les jours de transaction. Les frais moyens de virement bancaire à l'étranger aux États-Unis et ailleurs sont élevés. Qu'il s'agisse des trésoriers d'entreprise ou des migrants qui veulent envoyer de l'argent à leurs proches, tous n'apprécient pas les frais de transfert traditionnels. Avec Bitcoin, l'argent peut être transféré pour une somme minime. Cela permet d'aider des milliards de personnes qui n'ont pas accès aux services bancaires. C'est également une option pour ceux qui souffrent d'une forte inflation et de contrôles monétaires dans des pays (au moment où nous écrivons ces lignes) comme le Venezuela, le Zimbabwe, etc.

Une transaction de base en BTC

A) Sarah veut envoyer 20 Bitcoins à Phillip
B) Sarah possède 100 bitcoins
C) Sarah prépare une "transaction" et l'envoie sur la blockchain*.
D) Un nombre suffisant de "mineurs" confirme que les transactions d'un bloc* sont légitimes. Phillip décide de la quantité de validation dont il a besoin. Même si quelques mineurs ne sont pas dignes de confiance, la majorité d'entre eux le seront et nous pouvons être sûrs que la transaction entre eux est valide.
E) Les bitcoins sont transférés

*Blockchain : Un registre public des transactions Bitcoin.

*Block : Est un enregistrement dans la blockchain qui contient et confirme les transactions en attente.

Les adeptes du BTC

La liste des personnes ayant une vision positive du bitcoin comprend des noms influents tels que Bill Gates, Richard Branson et Peter Thiel. Parmi les autres bailleurs de fonds figurent des investisseurs en capital-risque et des start-ups Bitcoin, avec plus d'un milliard de dollars US investis à ce jour. Un autre exemple est BitAngels, un groupe d'investisseurs axé sur le bitcoin qui cherche à développer des startups.

Parmi les grandes entreprises qui envisagent ou acceptent déjà les paiements en bitcoins, citons Subway, Wordpress, Virgin Galactic, Reddit, Wikipedia, Shopify, OKCupid, Amazon, Paypal et Ebay. Ce n'est qu'un aperçu. Pour les propriétaires de petites entreprises, cela crée un nouveau bassin de clients potentiels.

Histoire du bitcoin (Version rapide)

Satoshi Nakamoto : Ce que nous savons

- Auteur du livre blanc et du logiciel Bitcoin original
- Pas un vrai nom. La véritable identité est inconnue, il pourrait s'agir d'une femme, d'un homme ou d'une société.
- On n'entend plus parler de lui depuis 2010
- Possède de nombreux bitcoins provenant des premiers minages

Historique

2009-2011 : Enthousiaste sur les forums, les idées sont diffusées mais il n'y a pas de véritable traction. Création du bloc Genesis le 3 janvier 2009

2012-13 : Première attention de la part des investisseurs, des preneurs de risques et des entrepreneurs.

2013-2014 : Les grands VC's commencent à investir

2015 : Wall Street et les institutions commencent à investir sérieusement

Depuis 2016 : Les traders de détail, "l'homme de la rue", investissent en grand nombre.

Les nombreuses "morts" du bitcoin

Le bitcoin est "mort" plus de 150 fois. Vous trouverez ci-dessous quelques-unes des prédictions totalement inexactes concernant la disparition du bitcoin.

- 11 août 2013 " Pourquoi le bitcoin est voué à l'échec " - moneygeek | 93,43 $.
- 16 novembre 2013 "Bitcoin zst une blague" - Business Insider | 433.57
- 4 mai 2017 "Le début de la fin pour le bitcoin" - Daily Reckoning | 1541,90
- 12 juillet 2017 "L'acceptation du bitcoin est pratiquement nulle et diminue" - Yahoo Finance | 2410,55

Crashs et troubles du bitcoin

- 2011-2013 : Des bulles de prix et des effondrements majeurs.

- Février 2014 : Mt. Gox, une bourse de Bitcoin, a déposé son bilan à Tokyo. La société a perdu près de 750 000 bitcoins de ses clients, plus 100 000 des siens, pour une valeur d'environ 473 millions de dollars au moment du dépôt de bilan. Mt. Gox estime que les bitcoins ont été volés, et accuse les pirates informatiques.

Suggestion : Faites preuve de diligence raisonnable, mais soyez prudent lorsque vous utilisez les résultats d'une entreprise privée pour juger l'ensemble d'un secteur.

Bitcoin Anonyme ?

Le bitcoin n'est **pas** 100% anonyme, les adresses sont des clés publiques. Cependant, les adresses ne sont pas liées à votre identité dans le monde réel. Pour créer une nouvelle identité, il suffit de créer une nouvelle clé publique, c'est ce qu'on appelle le pseudonymat.

Les monnaies basées sur la blockchain sont publiquement et en permanence traçables, chaque pièce a un historique et vous pouvez voir toutes les transactions précédentes. Le véritable anonymat exige le pseudonymat et la non-liaison. En d'autres termes, les différentes transactions d'un même utilisateur sur le réseau ne doivent pas pouvoir être reliées les unes aux autres. Sans anonymat, la vie privée est bien pire que celle des banques traditionnelles !

Dissociabilité

Avec la dissociabilité, il est difficile de relier les différentes adresses d'un même utilisateur. Il est également difficile de relier les différentes transactions d'un même utilisateur et de relier l'expéditeur d'un paiement à son destinataire. Pourquoi cela est-il nécessaire ? De nombreux services Bitcoin nécessitent une identité réelle. Par exemple, les portefeuilles et les échanges en ligne, dont certains sont réglementés, tiennent des registres qui suppriment votre anonymat avec ces services.

CHAPITRE 2:
Les mécanismes du bitcoin

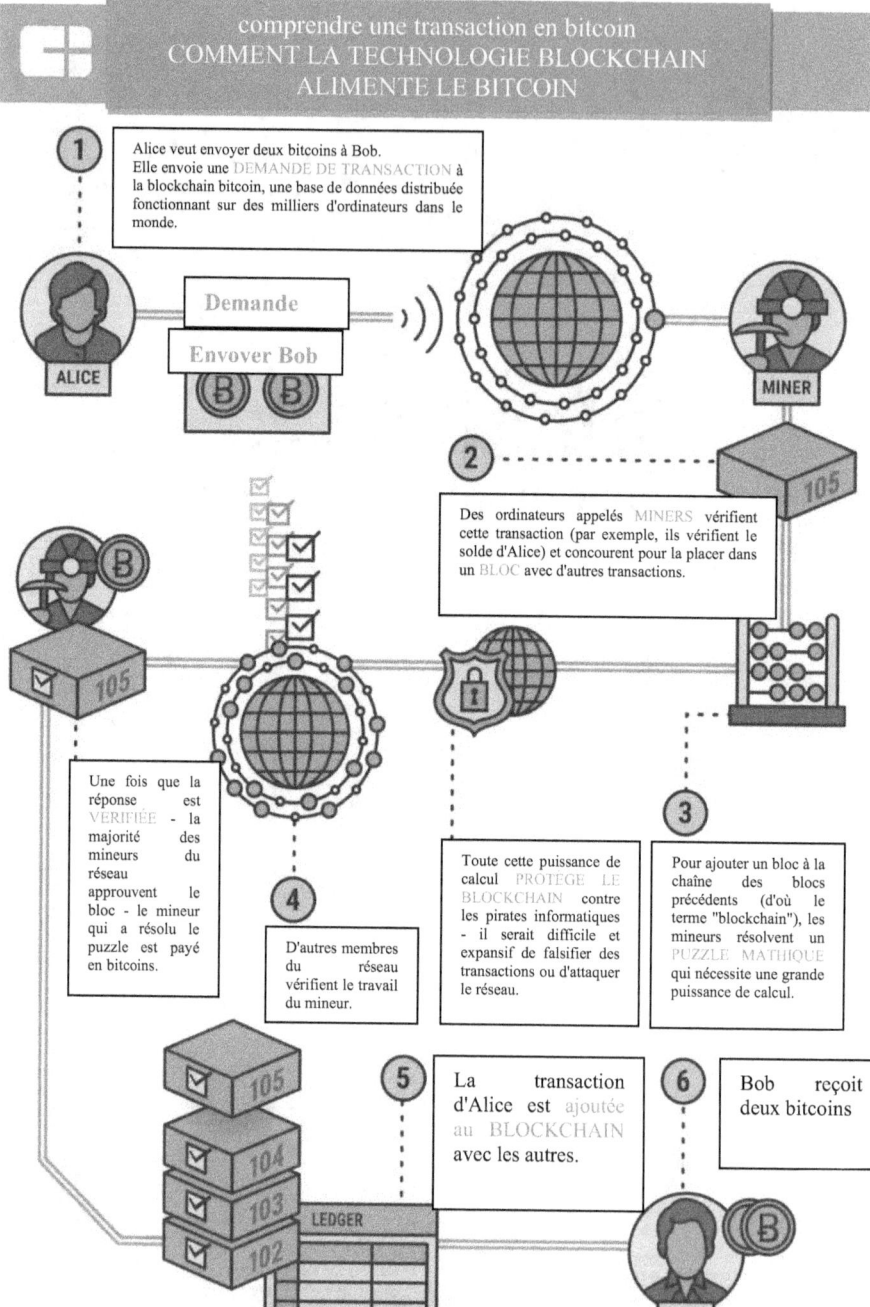

Logiciel Bitcoin Core : Le livre des règles du Bitcoin

Le logiciel Bitcoin Core est une source ouverte, (licence MIT). L'open source est un logiciel dont le "code source" peut être consulté, modifié et amélioré par n'importe qui. Ce "code source" est le code que les programmeurs peuvent manipuler pour modifier le fonctionnement d'un logiciel ou d'un programme.

Stockage des bitcoins

Nous allons examiner quelques-unes des façons dont vous pouvez conserver et suivre vos pièces. Il existe des options de stockage à chaud (en ligne) et à froid (hors ligne) pour vos pièces.

Portefeuilles logiciels - Avantages et risques

Un portefeuille logiciel est une méthode relativement simple. Vous stockez votre clé dans un fichier sur votre ordinateur ou votre téléphone. C'est pratique, mais si l'appareil est perdu, la clé est perdue, ce qui signifie que vos pièces sont perdues. En d'autres termes, la sécurité du portefeuille dépend de celle de votre appareil. Si votre appareil est piraté et que la clé est divulguée, il est fort probable que vos pièces seront volées.

Portefeuilles en ligne - Avantages/Risques

Un portefeuille en ligne est similaire à un portefeuille logiciel local, mais il se trouve dans le cyberespace. Un site stocke les clés et vous

vous connectez pour accéder au portefeuille. C'est pratique, il n'y a rien à installer et il fonctionne sur plusieurs appareils. Les problèmes de sécurité sont bien connus. Il est vulnérable si le site est compromis (en interne ou en externe). Sachez que votre ou vos clés privées sont stockées sur un autre serveur, avec des milliers d'autres clés, ce qui pourrait inciter les pirates à lancer une attaque.

Portefeuilles en papier et en matériel - Avantages/Risques

Un portefeuille papier consiste à imprimer vos clés publiques et privées sur du papier et à verrouiller ce dernier. Plus sûr que ses homologues en ligne, un portefeuille papier peut toutefois être déchiré, endommagé par l'eau, volé ou détruit de bien d'autres manières. Il est important de faire plusieurs copies et de les garder en sécurité.

Les portefeuilles matériels sont des dispositifs autonomes de type USB qui génèrent des clés lors d'une transaction. Ils doivent être branchés à votre ordinateur pendant la transaction. Les portefeuilles sont protégés contre les logiciels malveillants potentiels car ils génèrent des clés privées hors ligne, sur les dispositifs eux-mêmes. Ils sont pratiques et relativement faciles à utiliser. Ils offrent des options de sauvegarde et peuvent également être sécurisés par un mot de passe pour lutter contre le vol. Globalement, les portefeuilles matériels sont l'option la plus sûre.

Les échanges de bitcoins

Les bourses d'échange acceptent les dépôts de bitcoins (BTC) et de devises ($, €) avec une promesse de remboursement à la demande. Ils permettent aux clients d'effectuer/recevoir des paiements en bitcoins, d'acheter/vendre des bitcoins contre des devises fiat, et de mettre en relation des acheteurs et des vendeurs de bitcoins.

Exemple d'une transaction courante : Mon compte à l'échange a 5000 $ + 3 BTC, j'utilise l'échange pour acheter 2 BTC pour 1000 $ chacun, résultat final : mon compte a 3000 $ + 5 BTC.

Réglementation : Banques et bourses

Avec les banques traditionnelles, le gouvernement, en général :

- Impose des réserves obligatoires
- Assure les dépôts

En ce qui concerne les échanges, la réglementation varie considérablement d'un pays à l'autre. Cependant, il en existe plusieurs qui ont gagné la confiance du marché.

Détails sur Bitcoin Geek

- 100 M Satoshis par Bitcoin
- 21 millions de bitcoins au total

- 1 Mo (mégaoctet*) par bloc, soit environ 7 transactions par seconde, gardez à l'esprit que
- VISA peut traiter 2 000 à 10 000 transactions par seconde.
- Un mégaoctet correspond à un million d'octets d'informations.

CHAPITRE 3:
Le minage de Bitcoin

Le processus de minage est l'une des clés de la prévention de la fraude. Les mineurs confirment l'authenticité des transactions en bitcoins contenues dans un bloc. Pour ce faire, ils prennent les données correspondantes de chaque transaction et les utilisent pour résoudre un problème mathématique. La solution est connue sous le nom de "hash", une chaîne de chiffres unique et courte qui contient les informations importantes de la transaction dans le bloc. Les mineurs sont récompensés en retour par 12,5 pièces pour leurs efforts.

Mineurs

Les mineurs de bitcoin rejoignent le réseau, écoutent les transactions et valident toutes les transactions proposées. Ils écoutent également les nouveaux blocs, maintiennent la blockchain et lorsqu'un nouveau bloc est proposé, ils le valident. L'offre totale de bitcoins est de 21 millions. À moins que les règles ne changent, ils seront épuisés en 2040.

Exigences et matériel pour l'exploitation minière

L'exploitation minière nécessite d'énormes quantités d'électricité ! Celle-ci est utilisée pour effectuer les calculs 24 heures sur 24, 7 jours sur 7, 365 jours par an. Viennent ensuite les exigences élevées en matière de refroidissement, qui sont nécessaires pour protéger les machines. La température idéale dans les centres miniers se situe entre 15 et 25°C (59-77°F).

Matériel informatique

Sur un PC haut de gamme, il faudrait des années pour trouver un bloc, il faut donc quelque chose de beaucoup plus rapide. Les Bitcoin ASIC sont du matériel de minage de Bitcoin. Ils surpassent les autres plateformes de Bitcoin en termes de vitesse et d'efficacité. Les puces Bitcoin ASIC ne *peuvent généralement être utilisées que pour le bitcoin* l'extraction de bitcoins. Avec les puces ASIC, le temps nécessaire pour trouver un bloc diminue considérablement. Elles sont conçues pour fonctionner en permanence à vie et nécessitent également une expertise importante.

Les pools d'extraction

L'exploitation minière en solo est très difficile. Même avec le matériel de minage le plus récent, à moins d'avoir accès à une énergie incroyablement bon marché, vous pourriez finir par dépenser tout votre argent en factures d'électricité. Par conséquent, les petits mineurs mettent en commun leurs risques et les participants du pool tentent de miner des blocs. Ils distribuent les revenus (frais de transaction, ainsi que les bitcoins nouvellement créés) aux membres en fonction de la quantité de travail qu'ils ont effectué, moins les frais du gestionnaire du pool.

Les premiers pools sont apparus en 2010 et, en 2015, près de 90 % du minage était basé sur des pools. Cependant, aujourd'hui, les grands centres miniers dominent. Les centres miniers professionnels sont possibles lorsque les conditions suivantes sont réunies : une énergie bon marché, un bon réseau et un climat frais. Comme ils fonctionnent 24 heures sur 24, 7 jours sur 7, 365 jours par an, un grand centre minier (plus de 20 000 machines), utilise 40 mégawatts d'électricité par heure, soit la quantité moyenne utilisée par 12 000 foyers pendant la même période. Ils peuvent payer jusqu'à 40 000 dollars par jour pour l'électricité, même avec les réductions dont ils bénéficient normalement.

Récompenses du bloc minier

Actuellement, les récompenses des blocs constituent la majorité des revenus des mineurs. Il est prévu qu'à l'avenir les frais de transaction domineront. La récompense minière par bloc de bitcoin est divisée par deux tous les 210 000 blocs, et la récompense actuelle en pièces passera de 12,5 à 6,25 pièces.

CHAPITRE 4:
Communauté et politique du bitcoin

Une proposition d'amélioration du bitcoin (BIP) est une proposition officielle de modification du bitcoin. Elle comprend des spécifications techniques et leur fondement. N'importe qui dans le monde peut proposer une BIP. Il appartient à la communauté Bitcoin, composée d'utilisateurs, de mineurs, de développeurs et d'investisseurs, de voter et de décider de la mise en œuvre ou non des propositions.

Dans la communauté Bitcoin, les changements de règles des développeurs Core sont suivis par défaut. Que se passe-t-il si les utilisateurs n'aiment pas un changement de règle ? Ils peuvent se retirer ou exercer leur droit de "fork" des règles ou du logiciel. Un fork est une modification du logiciel d'une monnaie numérique qui crée deux versions distinctes de la blockchain avec un historique partagé.

Possibilités de soft et hard fork

Les Soft fork peuvent conduire à de nouveaux schémas de signature et à des métadonnées supplémentaires par bloc. Les hard forks peuvent conduire à des modifications des limites de taille et du taux de minage.

Un hard fork est une divergence permanente dans la blockchain, elle se produit lorsque des nœuds non mis à jour ne peuvent pas valider des blocs créés par des nœuds mis à jour qui suivent des règles de consensus plus récentes. Un nœud est un ordinateur qui se connecte au réseau Bitcoin.

Après un hard fork, si le fork était destiné à lancer un altcoin (monnaie alternative), l'altcoin suit sa propre voie, ils coexistent. Si la bifurcation est le reflet d'une lutte pour l'avenir du bitcoin, les deux parties se battent pour obtenir des parts de marché et être considérées comme le "vrai bitcoin" ; l'une gagne, l'autre risque de disparaître. Dans le cas de Bitcoin Cash, ils coexistent.

Exemple de hard fork : Bitcoin Cash est similaire à Bitcoin, sauf qu'il augmente la taille d'un bloc de 1MB à 8MB. Pourquoi cela était-il nécessaire ? Si une transaction ne figure pas sur un bloc envoyé au réseau pour validation, elle doit attendre, ce qui ralentit le processus. En augmentant la taille d'un bloc, on obtient des transactions plus rapides.

Qui a le pouvoir dans le Bitcoin ?

Il existe de nombreuses opinions sur la question de savoir qui détient le "vrai" pouvoir dans Bitcoin. Pour l'instant, nous allons travailler avec le principe que cela dépend de qui gagne le combat s'ils ne parviennent pas à se mettre d'accord. Vous trouverez ci-dessous une brève description des différents acteurs.

Courtiers en puissance Bitcoin

Investisseurs - Ils déterminent si le bitcoin a une valeur marchande.
Développeurs Bitcoin Core - Ils écrivent les règles du jeu.
Mineurs - Ils écrivent l'histoire et valident les transactions

Les marchands et leurs clients - Ils génèrent la demande primaire et le prix à long terme des bitcoins.

En plus des acteurs ci-dessus, il y a la Fondation Bitcoin (fondée en 2012). La fondation rémunère les Core Developers et s'adresse aux gouvernements en tant que représentant de Bitcoin.

CHAPITRE 5:
Réglementation

Les gouvernements sont très attentifs au bitcoin. L'attention est attirée par le fait que vous disposez d'une monnaie numérique intraçable qui contourne les contrôles de capitaux et que les pays ne peuvent pas empêcher la valeur du bitcoin d'entrer ou de sortir.

Donc personne ne peut arrêter le Bitcoin ? Hmm...Bitcoin pourrait être interdit par la réglementation des opérateurs de communication (la communication est soumise à la réglementation). Bitcoin est un type de trafic internet qui peut être arrêté comme n'importe quel autre. Si un gouvernement décidait soudainement que personne dans son pays ne peut accéder à Bitcoin, il pourrait exiger que les télécommunications interdisent l'accès en mettant sur liste noire les échanges et autres dans leur infrastructure. La Chine, en 2017, a sévi les échanges mais il ne s'est pas passé grand-chose, le prix du bitcoin n'a fait qu'augmenter dans les semaines suivantes. Récemment, j'ai lu qu'une entreprise travaillait actuellement sur un réseau mondial de satellites qui diffusera les données de la blockchain dans tous les coins de la planète pour que les gens puissent utiliser Bitcoin sans avoir besoin d'internet.

La première vague de règlements

La BitLicense de l'État de New York fait partie de la première vague de réglementations qui a frappé le marché des crypto-monnaies. Si votre activité implique New York ou un résident de l'État de New

York, toute personne s'engageant dans l'une des activités suivantes doit obtenir une licence

des activités suivantes est tenue d'obtenir une licence :

- Transmission de monnaie virtuelle
- Stockage, détention ou maintien de la garde ou du contrôle de la monnaie virtuelle pour le compte d'autrui
- Acheter et vendre des devises virtuelles en tant qu'activité de clientèle
- Fournir des services de change en tant qu'entreprise cliente
- contrôler, administrer ou émettre une monnaie virtuelle.

Négatifs indésirables

La monnaie numérique intraçable a malheureusement une liste d'inconvénients indésirables. Elle peut rendre certains crimes plus faciles à commettre, par exemple l'enlèvement, l'extorsion, l'évasion fiscale et la vente d'articles illégaux. Le scandaleux site web Silk Road en est un exemple. Il a fonctionné de février 2011 à octobre 2013. Il s'agissait du plus grand marché en ligne de drogues illégales. Les paiements étaient effectués en bitcoins, et le site conservait les pièces par sécurité pendant que les marchandises étaient expédiées.

Ross Ulbricht était le cerveau de Silk Road. Il utilisait plusieurs pseudonymes, les plus connus étant "Frosty" et "Dread Pirate Roberts". Il a essayé de brouiller les pistes, mais les autorités ont réussi à faire le lien. Il a été arrêté en octobre 2013 et purge actuellement une peine de prison à vie. Le gouvernement a saisi 174 000 bitcoins, qui ont ensuite été vendus aux enchères au public.

Les deux leçons à tirer sont les suivantes : premièrement, il est difficile de rester anonyme pendant une longue période. D'autre part, il est difficile de passer de l'économie souterraine à l'économie légitime sans attirer l'attention des forces de l'ordre.

CHAPITRE 6:
Le commerce des bitcoins et des altcoins

Les cryptomonnaies offrent de la volatilité. En tant que traders, nous adorons cela, c'est une douce musique pour nous. Pourquoi ? Si vous placez une transaction et que rien ne se passe, vous venez de payer le spread à votre courtier pour rien. Le trading est un business (ou vous devriez le traiter comme tel), pour que vous puissiez récupérer le coût de la transaction (le spread) vous avez besoin et vous voulez de la volatilité.

Les rumeurs et les paniques ajoutent à la volatilité. Il peut également y avoir une sensibilité extrême aux nouvelles, les mouvements quotidiens de 20% ne sont pas rares. L'automne 2017, même selon les normes cryptographiques, la volatilité que nous avons vue était étonnante.

Avantages

Il n'y a généralement pas de taille minimale de transaction, contrairement à la négociation d'actions, de matières premières ou de devises au comptant. Vous pouvez également effectuer des ventes à découvert, ce qui signifie que les marchés à la hausse ou à la baisse ne vous posent aucun problème. D'autres avantages sont que vous avez la possibilité de négocier directement avec les bourses, les courtiers ne sont pas obligatoires. Vous pouvez négocier 24 heures sur 24 et 7 jours sur 7, ce qui représente encore plus d'heures de négociation que pour le forex au comptant. Évidemment, la liquidité n'est pas égale tout au long de la journée, certains moments de la journée sont plus liquides que d'autres.

Commerce du jour

Le commerce de jour avec prudence ! Pour l'instant, vous échangez surtout contre des traders inexpérimentés, mais la scène est en train de changer. L'automne 2017 a vu le lancement du premier fonds commun de placement en bitcoins d'Europe en France. On rapporte également que plusieurs fonds spéculatifs et privés disposant d'énormes ressources se préparent à entrer sur le marché.

Timing du marché

Entrer au "moment idéal" avec le bitcoin et les crypto-monnaies est irréaliste. Ce qui se passe, des gains hebdomadaires à deux chiffres, n'est pas censé se produire, mais c'est le cas. L'utilisation d'une analyse strictement technique ou des fondamentaux vous fera échouer. Cherchez à acheter lors des chutes de panique, les rebonds à la hausse après les chutes de panique du Bitcoin ont été très rentables. Une tactique pour faire face à la volatilité est de mettre en place des alertes de prix pour les mouvements de prix notables. Je vous suggère fortement d'accumuler progressivement, la richesse en crypto-monnaies prend du temps. Ignorez, autant que possible, le battage médiatique du Far West. Si votre position en crypto-monnaies connaît une hausse de plus de 100 %, prenez des bénéfices. Si vous n'aviez pas de position existante, après une rupture majeure à la hausse, achetez sur les pullbacks. Les meilleures opportunités sont là pour les personnes informées et moins émotives. Ceci est particulièrement vrai dans une arène avec des traders en crypto qui n'ont pas l'habitude de faire face à des chutes de 40-50%.

Effet de levier

Un effet de levier ? Utilisez-le avec prudence et uniquement avec des entités qui proposent des stop loss fiables. Le bitcoin et les cryptos en général sont des actifs qui peuvent varier de 20 à 30 % (dans un sens ou dans l'autre) certains jours, et votre compte peut donc facilement exploser. Vous perdez de l'argent lorsque vous êtes retiré, et cela peut facilement arriver avec un effet de levier élevé. En résumé, restez dans le jeu et toute vente à découvert à long terme doit se faire avec une extrême prudence... gardez à l'esprit toutes les "morts" du bitcoin.

Négocier des monnaies alternatives (Altcoins) et des ICO's

- **Monnaies alternatives (Altcoins)** Les nombreuses monnaies alternatives qui ont vu le jour à partir de l'idée et/ou du code de base du bitcoin.

- **L'offre initiale de pièces de monnaie (ICO)** est un moyen de financement par la foule via les crypto-monnaies. Les ICO vendent un droit de propriété ou des redevances sur un projet. Une pièce dans une ICO est un symbole de participation à la propriété d'une entreprise, un "certificat" numérique. Souvent confondu avec une " vente de jetons " qui désigne la vente d'une participation dans une économie, donnant aux investisseurs un accès aux caractéristiques d'un projet à une date ultérieure.

Avant de négocier ou d'investir, gardez à l'esprit

De nombreux altcoins sont inutiles, comme au début de l'ère Internet (.com). Malheureusement, la scène est actuellement remplie d'escrocs et de fraudeurs désireux d'escroquer ceux qui sont à la recherche de la richesse "du jour au lendemain". Comment s'y retrouver dans ce champ de mines ? Recherchez les plus gros gains, allez là où il y a de l'action, MAIS ces gains doivent être soutenus par un volume d'échange. Le volume de l'altcoin doit être de 500 000 USD+ (pour la liquidité). L'ICO doit avoir une bonne proposition de valeur/vente. Quel est l'intérêt de la pièce ? Quel problème résout-elle ? L'équipe de soutien doit également être de premier ordre.

L'une des ICO les plus réussies est celle d'Ethereum, qui a levé des fonds avec une vente de jetons en 2014. En 2017, au moins 90 offres initiales de pièces de monnaie ont eu lieu et ont permis de lever plus d'un milliard de dollars américains. En décembre 2017, il y avait également plus de 1 200 monnaies numériques.

Gardez à l'esprit qu'avec les ICO, personne ne sait avec certitude laquelle va décoller. Si vous investissez dans cinq d'entre elles, il y a de fortes chances que trois ou quatre échouent. Mais celle qui décolle rapporte 10x ou plus. 10x signifie que si vous avez investi 10 millions de dollars, vous générez 100 millions de dollars au total lorsque vous vendez.

Un petit conseil : avec les ICO ou les transactions de base, envoyez des fractions de paiement pour tester les transferts. Entraînez-vous à envoyer .001 pour les premières transactions, vous pouvez aller jusqu'à 8 décimales avec Bitcoin.

Vous devez savoir que bon nombre des récentes entreprises financées par du capital-risque n'ont pas encore mis leurs produits sur le marché. En outre, toutes les utilisations du BTC et des altcoins viennent juste d'être explorées. Beaucoup pensent, avec de bonnes raisons, que la valeur du bitcoin sera dépassée par une autre pièce. Ils se basent sur le fait qu'en matière de technologie, il est rare que le premier arrivé reste l'acteur dominant après 5 à 10 ans. En résumé, nous n'en sommes qu'au tout début des monnaies numériques.

REPÉRER LES ESCROCS DE L'ICO !

Voici quelques-uns des meilleurs signes indiquant que vous avez affaire à des escrocs.

- Il est difficile de les joindre. Les numéros de téléphone qu'ils ont ne peuvent pas être trouvés par une simple recherche sur Internet.

- Le livre blanc est généralement court (moins de 10 pages) et comporte des fautes de grammaire ou d'orthographe élémentaires.
- La qualité du site web est faible ou ils ont utilisé un service gratuit pour le construire.
- La rubrique "Qui sommes-nous" et les détails de l'inscription sont douteux ou manquants.
- Le PDG ou les conseillers ne peuvent être trouvés sur LinkedIn ou d'autres canaux professionnels.

CHAPITRE 7:
Tactiques de négociation

Nous allons examiner ici les principales raisons pour lesquelles les traders perdent de l'argent et, surtout, nous allons explorer les solutions.

Attentes irréalistes : Il est important, lorsqu'on se lance dans le trading, comme pour beaucoup de choses, d'avoir une idée réaliste de ce à quoi on a affaire. Les attentes irréalistes peuvent prendre la forme d'une personne qui commence avec ce qui est un compte de mini-trader de 1 000 ou peut-être 2 000 USD et qui s'attend à devenir riche du jour au lendemain.

Vous pouvez même commencer avec 100 ou 200 dollars, ce qui est très bien. Il n'y a rien de mal à ce montant, mais ces mêmes traders à 100 ou 200 dollars s'attendent à avoir 1 000 ou 2 000 dollars sur leur compte en quelques jours. Il existe des entreprises qui ont mentionné ou même promis aux traders qu'elles pouvaient le faire. Je ne dis pas que c'est impossible, mais je dis que c'est irréaliste. Il est essentiel que vous ayez un sens de la réalité dans vos transactions.

Pas de plan : Beaucoup de gens disent que "ne pas planifier, c'est prévoir d'échouer". Avec la planification, votre trading est aligné avec votre calendrier et les résultats que vous attendez. Un plan de trading est essentiel, car sans lui, vous vous exposez à des pertes potentiellement énormes. Sans plan, il n'y a aucun intérêt à se lancer dans le trading.

Trop de risques : Il peut s'agir d'une personne ayant 100 dollars sur son compte ou même 100 000. Ce n'est pas le montant qui est critique, mais le montant que vous risquez par rapport aux fonds disponibles. Vous commencez par faire en sorte que "l'échec soit supportable". Ce concept repose sur l'idée que vos pertes ne doivent pas être catastrophiques. Par exemple, chaque position ne doit pas utiliser plus de 5 ou 6 % de votre capital-risque disponible. Cela signifie également que si vous utilisez un effet de levier, celui-ci doit être faible.

Confondre trading et investissement : Au cours de mes années de travail en tant que banquier, j'ai eu d'innombrables clients à qui j'ai dû répéter qu'ils ne devaient pas confondre les deux. Le trading consiste à gagner de l'argent à court terme, c'est une activité génératrice de revenus, vous entrez et sortez des transactions. L'investissement est une activité à plus long terme qui s'étend généralement sur une période minimale d'un an. Il se peut que certains de vos objectifs d'investissement découlent de votre activité de trading, mais ne les confondez pas. Cela peut sembler élémentaire pour certains, mais, d'après l'expérience acquise en conseillant des clients dans le monde entier, il y en a encore beaucoup qui confondent trading et investissement.

Les solutions :

Il est normal de parler des problèmes et des défis, mais il est évident que nous devons trouver des solutions.

Faible effet de levier : Pour éviter le problème du risque excessif, une solution éprouvée consiste à utiliser un faible effet de levier. L'effet de levier est faible car il vous donne le temps de réfléchir et de réagir plus efficacement, et vous êtes moins sensible aux changements du marché.

Passage à l'échelle : Le passage à l'échelle est l'une de mes méthodes préférées. Je l'utilise pour mes investissements, mais aussi pour mes transactions. La théorie qui sous-tend cette méthode est que vous laissez le marché vous dire dans quelle direction aller, c'est aussi simple que cela. Par exemple, je prévois d'acheter 250 altcoins GCMS après avoir fait mon analyse technique et fondamentale. Comment commencer ? Je commencerais par une position de 25 ou 50 pièces et je laisserais le marché confirmer si je suis sur la bonne voie. Si j'ai acheté des pièces GCMS à 100 dollars et qu'elles passent soudainement à 125 par pièce, c'est parfait, le marché confirme que j'ai pris la bonne décision. Dans cet exemple, si j'ai commencé avec 25 pièces, j'ajouterai ensuite 25 ou 50 pièces supplémentaires et je répéterai le processus jusqu'à ce que j'atteigne mon objectif de 250 pièces.

Certains diront que j'ai un peu manqué le passage de 100 à 125, et c'est vrai, mais je suis aussi plus sûr de ma décision en étant patient. A l'inverse, pour en revenir à l'échelle, imaginons que le marché ait évolué en ma défaveur, au lieu d'avoir 250 pièces à risque au départ, je n'en aurais eu que 25. Il est évident qu'il y a un compromis à faire, mais d'après notre expérience, il est à l'avantage de ceux qui font du passage à l'échelle.

Autre exemple, disons que vous avez acheté 100 pièces à 100 dollars chacune et que le prix chute soudainement à 90. Je vous suggère, au lieu de tout vendre immédiatement, d'envisager de n'en vendre que 25 ou 30, car la baisse pourrait être due à une réaction excessive du marché. Il y a plusieurs choses qui pourraient être en jeu, par exemple une fausse rumeur, encore une fois vous laissez le marché vous guider sur le bon chemin. Bien sûr, si le prix continue à baisser, vous décidez d'une sortie définitive s'il dépasse votre arrêt perte mentale.

Traitez les marchés liquides : Je ne saurais trop insister sur la nécessité de négocier sur des marchés liquides. Il n'y a pas de mal à avoir une seule transaction de type long shot (avec un capital ultra-risqué), tant que vous êtes conscient du risque. Cependant, pour les transactions régulières, les crypto-monnaies à faible liquidité par rapport aux standards des crypto-monnaies ne sont pas mon premier choix. La liquidité est essentielle, surtout en tant que trader, un investisseur n'est pas aussi sensible au temps, mais si vous faites du trading où vous pourriez avoir besoin de faire des mouvements soudains, vous voulez détenir des crypto-monnaies liquides.

La liquidité, pour être très clair, est la capacité d'entrer et de sortir du commerce avec facilité. Être dans une transaction et avoir des bénéfices sur papier est merveilleux. Cependant, lorsqu'il est temps de convertir les bénéfices sur papier en bénéfices réels et si vous n'êtes pas en mesure de le faire, alors c'est une mauvaise blague car vous ne pouvez que les regarder, pas très agréable. D'un autre côté, si vous êtes en perte et que vous ne pouvez pas sortir de cette position, cela devient un cauchemar. Je me fiche de savoir qui donne des conseils, ou quel que soit le blog que vous lisez, vous devez trader des crypto-monnaies liquides, il n'y a pas d'autre moyen.

Sélectionner les crypto-monnaies : Sélectionnez-en quelques-unes et apprenez à bien les connaître. Comme vous pouvez l'imaginer, aucun trader ne négocie 600 monnaies différentes à la fois. Beaucoup de gens commencent avec les cryptos en négociant les plus connues, Bitcoin, Ethereum, par exemple. Après un certain temps, en négociant quelques cryptomonnaies sélectionnées, elles vous deviendront familières et vous aurez un sens plus profond de leur évolution.

CHAPITRE 8:
Tout mettre en place

Les traders doivent avoir un système. Nous allons examiner et relier les différents aspects d'un système de trading.

Plate-forme de négociation : Le choix de votre plateforme de trading est important car la plateforme est le véhicule que vous utilisez pour effectuer des transactions. Comme le trading se fait en ligne, il est essentiel que vous utilisiez une plateforme qui corresponde à votre style. Il peut s'agir d'une plateforme multi-actifs ou d'une plateforme plus basique. Vous devez connaître le fournisseur de la plateforme. Avec les crypto-monnaies, vous avez la possibilité d'utiliser une plateforme de négociation ou de traiter directement avec une bourse. De nouveaux échanges apparaissent régulièrement sur le marché et, selon le pays, vous devrez être prudent. Je vous suggère de vous faire recommander par un ami ou un conseiller en crypto-monnaies de confiance.

Objectifs : Sans objectifs, il est vraiment difficile de commencer à trader. L'analogie que j'ai entendue et que j'aime utiliser, en ce qui concerne les objectifs, est que sans objectif, ce serait l'équivalent de se rendre à un guichet de train et de dire simplement "donnez-moi un billet !" et bien sûr, ils demanderaient "un billet pour où ?". Les objectifs à court terme peuvent être des objectifs de bénéfices mensuels ou hebdomadaires, ils sont individualisés. Les objectifs doivent correspondre à votre style et au montant du capital-risque disponible pour le trading.

Les objectifs à long terme sont souvent liés à votre stratégie d'investissement. Ils sont également liés à vos objectifs à court terme, car les objectifs à long terme doivent être basés sur les objectifs de profit à court terme. Il doit y avoir une correspondance, car si vous avez un objectif hebdomadaire de 100 dollars et un objectif mensuel de 1 000 dollars, il y a un écart qui doit être comblé.

Préparation mentale : Vous devez être prêt psychologiquement à négocier. Si vous êtes sur le point de négocier et que vous êtes tendu ou nerveux, alors vous devez prendre du repos. Allez méditer, faites de l'exercice, faites autre chose, mais il est important que vous ne négociiez pas tant que vous n'êtes pas prêt psychologiquement.

Avec le trading, vous devez avoir l'état d'esprit de ne pas prendre les choses personnellement. Éliminez les émotions du trading, l'objectif est simplement de gagner de l'argent.

Connaissez votre tolérance au risque : Combien êtes-vous prêt à risquer sur chaque transaction ? Il est important de se rappeler la règle d'or numéro un des traders, "pas de cash, pas de trading". Peu importe ce que l'on vous dit, s'il n'y a pas de liquidités, il n'y a pas de trading et cela doit être pris au sérieux. Ceci est lié à votre tolérance au risque. Par exemple, si vous avez un solde de 10 000 USD et que vous voulez risquer 1%, le montant est de 100 dollars. Cela signifie que sur votre capital à risque, indépendamment de ce que vous négociez, lorsque vous fixez votre stop loss (mental ou sur une plateforme), il ne doit pas dépasser 100 USD.

Faites preuve de diligence raisonnable : Une nouvelle journée a commencé et votre ordinateur est allumé, que s'est-il passé cette nuit ? Que s'est-il passé sur les marchés des crypto-monnaies ? Vous devez être au courant des nouvelles qui sont sorties pendant la nuit et surtout de la façon dont les marchés ont réagi à ces nouvelles. Parfois, ce qui en théorie devrait être une bonne nouvelle, les marchés peuvent surprendre avec une réaction négative.

Comment choisir votre niveau d'entrée : Connaître vos points d'entrée signifie que vous avez une bonne raison pour chaque transaction que vous exécutez. Si vous n'avez pas de bonne raison, je vous suggère de prendre les fonds et de les remettre à une œuvre de charité. Lorsque vous choisissez votre niveau d'entrée, vous devez avoir un bon rapport risque-récompense et celui-ci doit correspondre à votre tolérance au risque. L'analyse technique/fondamentale est également prise en considération. Les niveaux de soutien et de résistance, les nouvelles, sont tous essentiels avant d'exécuter une transaction. Si vous négociez des cryptomonnaies, vous devez savoir où se trouvent les lignes de support et de résistance pour la période de temps que vous négociez.

Connaissez vos niveaux de sortie : Quel est votre objectif de profit, est-ce un millier de dollars ou quelques dollars ? Vous devez en être conscient. Lorsque vous fixez des stops pour contrôler les pertes, la première chose à faire est de vous assurer qu'ils entrent dans vos paramètres. Comme pour votre niveau d'entrée, vous devez connaître l'analyse fondamentale, les niveaux de soutien et de résistance, ainsi qu'une autre règle d'or des traders : "coupez vos pertes et laissez courir les profits." De nombreux traders affirment que les profits s'occupent d'eux-mêmes, mais vous devez garder un œil sur les pertes.

Tenez un journal : Ce n'est peut-être pas pour tout le monde mais c'est quelque chose que j'utilise pour enregistrer mes transactions. Il comprend plusieurs éléments, le point d'entrée de la transaction, le niveau de sortie et la raison pour laquelle j'ai pensé que la transaction était une bonne idée au moment où je l'ai entrée. En examinant votre journal, vous commencerez à détecter les tendances. Vous pouvez soit supprimer un modèle qui ne fonctionne pas, soit développer un modèle qui fonctionne. Cela vous aidera à affiner vos transactions.

Examinez vos résultats : Passez en revue vos pertes et profits de la journée. C'est important car, même si le trading peut être amusant, il s'agit d'une activité commerciale et l'objectif est de réaliser des bénéfices. Si, en examinant vos pertes et profits, vous découvrez que ce n'est pas ce que vous aviez prévu, votre devoir est de trouver pourquoi. Vous devez également savoir ce qui se cache derrière vos bons résultats. Peut-être était-ce de la pure chance, et si c'était le cas, tant mieux, mais la chance n'est normalement pas une stratégie durable pour le trading. Je vous suggère, comme je le fais dans mon trading, de revoir votre journal. Était-ce les nouvelles du marché ? Ou était-ce la taille des positions ? Ces facteurs peuvent influencer les résultats.

Passage du trading démo au trading réel

Des conseils pour réussir la transition d'un compte de démonstration à un compte de *trading* réel (il ne s'agit pas de conseils d'*investissement*). Ce sont plusieurs des points qui sont abordés dans les cours que je donne. Le premier point est un niveau de financement réaliste. La plupart des comptes de démonstration vous donnent une énorme quantité d'argent virtuel pour trader, mais vous n'êtes pas obligé de tout utiliser. En fait, il est préférable d'utiliser le même montant d'argent virtuel que celui avec lequel vous alimenteriez votre compte réel. De cette façon, vous aurez une bien meilleure idée de ce que vous ressentirez en perdant ou en gagnant sur ces montants, à la fois mentalement et physiquement. Si vous passez d'un trading avec des centaines de milliers de dollars en mode démo à un trading avec cinq ou dix mille dollars en mode réel, la sensation sera très différente, et vous n'aurez pas développé une stratégie de gestion de l'argent qui fonctionne avec ces montants. Par conséquent, si vous disposez de 5 000 dollars pour trader, entraînez-vous avec 5 000 dollars sur votre compte de démonstration.

Ensuite, il y a les tailles de transaction attendues basées sur la réalité. Comme pour les niveaux de financement, vous devez effectuer des transactions de la même taille en mode démo que celles que vous pouvez raisonnablement espérer effectuer en mode réel. Cela garantit la parité avec la stratégie que vous utiliserez en mode réel. La transition sera beaucoup plus douce. Si vous prévoyez de trader de petites tailles avec votre compte financé, traitez de petites tailles en mode démo afin de savoir dans quoi vous vous engagez en termes d'effet de levier (si vous l'utilisez).

Négociation rentable : Si vous subissez des pertes chaque semaine en mode démo, il n'est pas judicieux de passer au trading réel, car c'est votre argent réel que vous perdrez. Bien que vous ne puissiez pas vous attendre à faire des bénéfices tous les jours, vous devez être en tête à la fin de chaque mois avant même d'envisager de passer à un compte de trading financé en direct.

CHAPITRE 9:
Boîte à outils d'analyse technique des crypto-monnaies

Le point clé pour gagner de l'argent avec l'analyse technique est d'identifier la tendance et de la suivre. Les tendances vous indiquent où les prix sont le plus susceptibles de se diriger à l'avenir. Si la tendance d'une cryptomonnaie est à la hausse, vous devez acheter la cryptomonnaie pour gagner de l'argent. Si la tendance d'une cryptomonnaie est à la baisse, vous devez vendre la cryptomonnaie pour faire des bénéfices. Si la tendance d'un crypto est latérale, sans direction claire, vous devez soit placer des ordres contingents (pas des transactions), soit attendre qu'une tendance claire à la hausse ou à la baisse soit établie avant de négocier. Il n'est pas recommandé de lutter contre la tendance, si vous choisissez de le faire, dans la plupart des cas, ce sera une expérience coûteuse pour **vous.**

Les tendances n'évoluent normalement pas directement à la hausse ou à la baisse. Elles évoluent généralement dans une direction pendant un certain temps, puis retracent temporairement (inversement) une partie du mouvement précédent avant de reprendre la direction initiale. Chaque fois qu'un crypto retrace et commence à se déplacer dans la direction opposée, elle forme un nouveau haut ou un nouveau bas. Par exemple, avec les cryptos, de nouveaux sommets se forment lorsqu'un crypto se déplace vers le haut, puis se retourne et se déplace vers le bas. De nouveaux bas se forment lorsqu'un crypto se déplace vers le bas, puis se retourne et se déplace vers le haut. L'identification de ces hauts et bas vous permet de déterminer si une cryptomonnaie est dans une tendance haussière, baissière ou latérale.

Tendances haussières – Les marchés qui suivent une tendance haussière forment une série de hauts et de bas plus élevés.

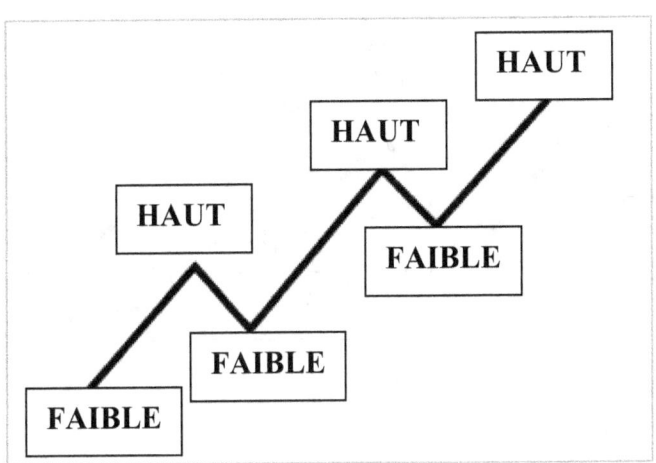

Tendances baissières – Les marchés qui suivent une tendance baissière forment une série de sommets et de creux plus bas.

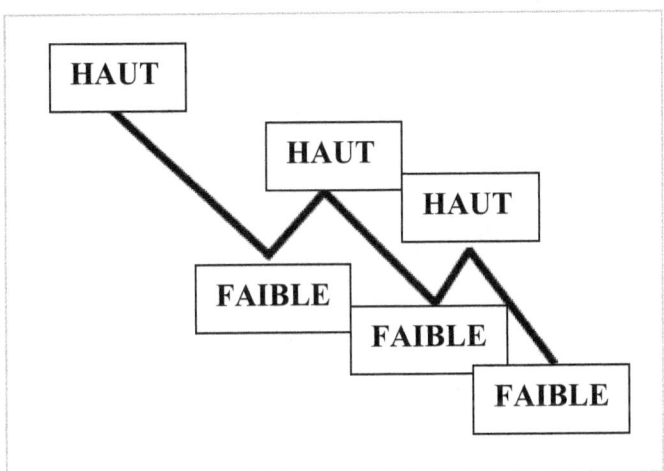

Tendances latérales – Un crypto-monnaie qui a une tendance latérale forme une série de sommets qui se situent approximativement au même niveau de prix et une série de creux qui se situent approximativement au même niveau de prix.

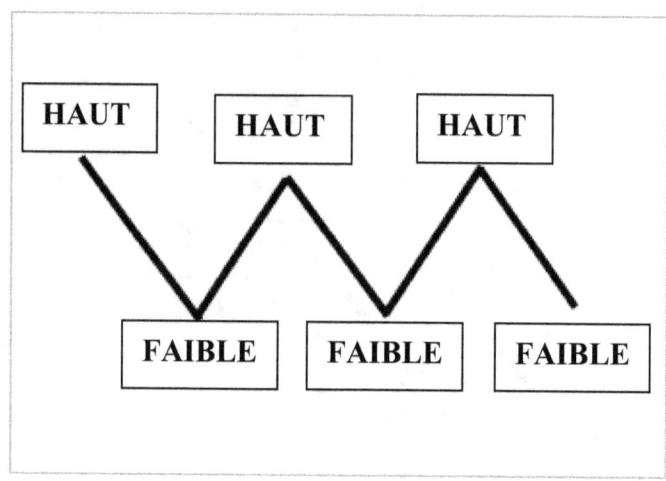

Tendances – Qu'il s'agisse de tendances haussières, baissières ou latérales, les tendances peuvent se former sur différentes périodes de temps. Identifier les différentes tendances sur chaque période et être capable de les aligner dans votre analyse est crucial pour votre réussite en tant que trader.

Définition d'un graphique en chandelier

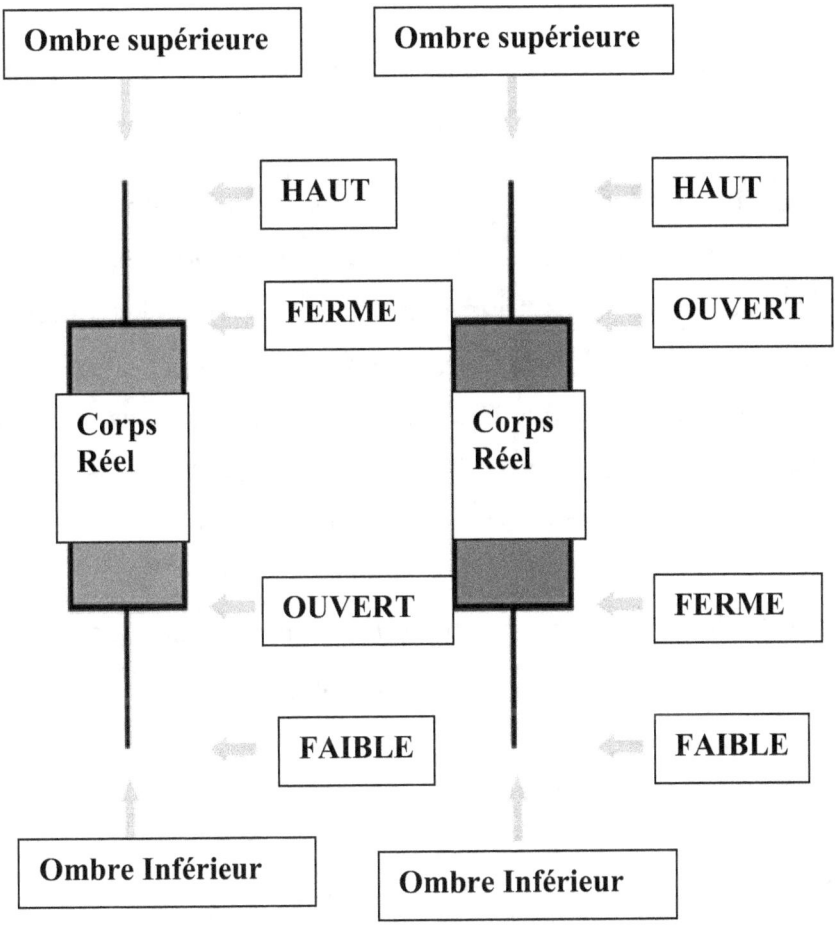

Commençons par définir un chandelier. Un chandelier est une ligne sur un graphique qui représente un point et indique le haut, le bas, l'ouverture et la fermeture pour chaque période. Par exemple, si nous avons un graphique journalier, chaque chandelier représente un jour et indique le haut, le bas, l'ouverture et la fermeture pour ce jour. Sur de nombreuses plateformes, un chandelier rouge signifie que le prix de clôture est inférieur au prix d'ouverture pour cette période. Un chandelier vert signifie que le prix de clôture est supérieur au prix d'ouverture pour cette période.

Indicateurs d'analyse technique

Nous allons examiner les indicateurs Moyennes mobiles, RSI et Bandes de Bollinger. Tout d'abord, il y a les moyennes mobiles, et elles sont utiles car elles permettent de repérer plus facilement une tendance. C'est la clé avec les devises, les crypto-monnaies ou certains des produits dérivés où un marché haussier est bon et un marché baissier est également bon. Par conséquent, tout ce que nous devons faire est d'identifier ou de repérer cette tendance. Pour illustrer, une moyenne mobile sur cinquante jours additionne les prix de clôture des cinquante derniers jours, divise par cinquante et trace un point sur le graphique pour chaque jour.

Graphique des moyennes mobiles

Examinons quelques paramètres de base avec l'indicateur de moyenne mobile. Si nous avons des paramètres sur un graphique de MA dix, MA cinquante, alors dix est le court terme, cinquante est le long terme. La moyenne mobile la plus courte, si elle est au-dessus de la plus longue, la tendance est considérée comme étant à la hausse. Si la moyenne mobile la plus courte est inférieure à la moyenne mobile la plus longue, alors la tendance est considérée comme étant à la baisse. Sur un graphique, si vous voyez que le dix est en train de casser sous la cinquante, le long terme dans cet exemple, cela pourrait être considéré comme le signe initial d'un signal de vente.

Avec les moyennes mobiles, les signaux d'achat et de vente sont générés par le passage du prix au-dessus ou au-dessous de la ligne de la moyenne mobile. Il existe un terme que vous entendrez souvent si vous fréquentez les spécialistes de l'analyse technique, il s'agit du golden cross, qui signifie que le court terme dépasse le long terme. L'exemple que nous avons est dix et cinquante, mais cela aurait pu être vingt et trente, quinze et dix-sept, cela dépend du trader et de l'instrument qu'il négocie.

Indice de force relative

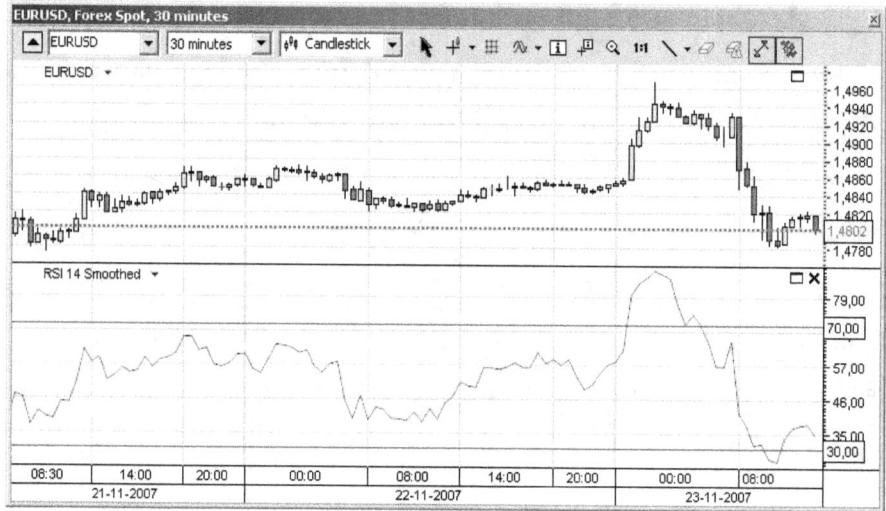

Le RSI, qui est l'indice de force relative, est utilisé pour identifier si le marché (action, devise, crypto-monnaie, etc.) est suracheté ou survendu. Il est classé comme un indicateur avancé car il commence à donner des signaux avant que la tendance ne soit amorcée. Il possède un indice allant de zéro à cent.

Le graphique RSI est visible sous le graphique EURUSD. Le RSI correspond plus ou moins à ce qui se passe sur le graphique et il le doit. Des lectures inférieures à trente indiquent que le marché est peut-être survendu et lorsque vous voyez ou entendez le terme survendu, cela signifie une vente excessive. Des lectures supérieures à soixante-dix indiquent que le marché est peut-être suracheté et que les achats sont excessifs. Gardez à l'esprit que ce sont des indications, elles ne garantissent rien. Il est à noter que le marché peut rester suracheté ou survendu pendant une période de temps considérable.

Bandes de Bollinger

Les bandes de Bollinger sont un outil que de nombreux investisseurs et traders utilisent lorsqu'ils souhaitent ajouter différents aspects d'analyse technique aux transactions qu'ils ont ouvertes. Elles sont utilisées pour mesurer la volatilité du marché. Les bandes définissent les limites supérieures et inférieures de la fourchette de négociation. Lorsque vous visualisez les bandes sur un graphique, vous avez une bande supérieure et une bande inférieure. L'espace entre le haut et le bas est appelé le canal d'achat et de vente. Vous utilisez l'espace entre les bandes pour vous faire une idée de votre position dans la fourchette de négociation. Si vous êtes près du sommet, vous savez que vous êtes proche du niveau de résistance et qu'il existe un potentiel de renversement de prix (le marché change de direction). Si vous vous trouvez dans le bas de la fourchette, vous savez que vous êtes proche du niveau de soutien et qu'il existe un potentiel de retournement de prix. La plupart du temps, les prix restent entre les bandes. Si le prix commence à sortir, de nombreux traders considèrent cela comme un signal, vous devez donc en être conscient.

Comprendre les niveaux de soutien et de résistance

Le niveau de support est le niveau de prix auquel l'instrument négocié a historiquement eu des difficultés à descendre. Par exemple, si nous avons un support autour de 1,4380, vous pourrez voir sur un graphique que le marché a atteint ce niveau (1,4380) plusieurs fois sans tomber plus bas, donc dans le jargon de l'analyse technique, cela serait considéré comme un niveau de support. Le niveau de résistance est tout le contraire, c'est-à-dire le niveau de prix auquel l'instrument a historiquement eu du mal à se négocier au-dessus.

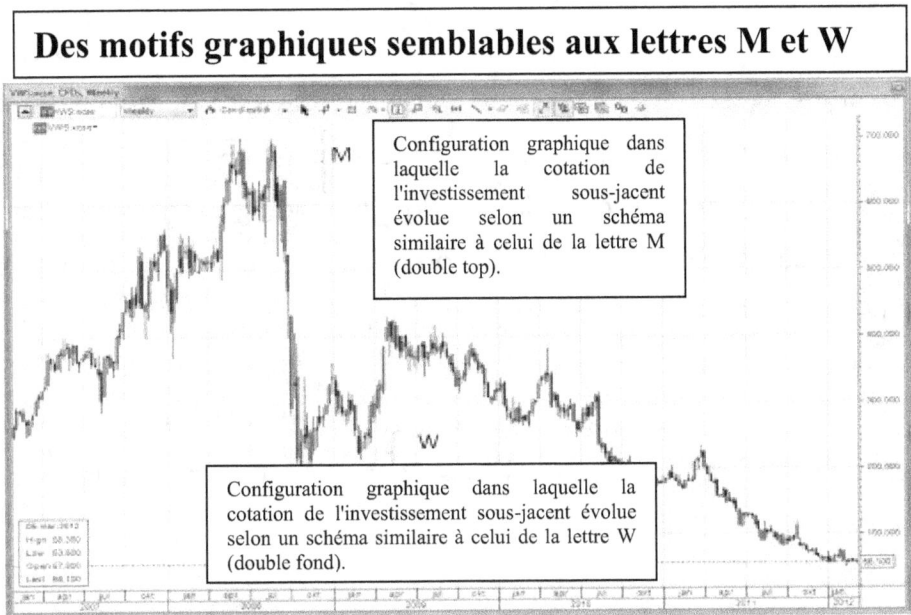

Modèles de graphiques Double fond en "W" ou Double sommet en "M".

Il s'agit de configurations graphiques dans lesquelles le prix côté de l'instrument évolue selon un schéma similaire à la lettre "W" (double fond) ou "M" (double top). Les schémas de double top et double fond sont utilisés dans l'analyse technique pour expliquer les mouvements d'une action, d'une crypto-monnaie ou d'autres investissements, et peuvent être utilisés dans le cadre d'une stratégie de trading pour exploiter les schémas récurrents. Un double top et un double fond sont tous deux des schémas de renversement de tendance.

Un **double fond** a tendance à se produire après une forte tendance à la baisse, et il indique qu'une tendance à la hausse peut être imminente. Les "fonds" sont des vallées qui se forment lorsque le prix atteint un certain niveau de soutien qui ne peut être brisé. Après avoir atteint ce niveau, le prix rebondit légèrement avant de revenir tester le niveau à nouveau. Si le prix rebondit une deuxième fois sur le support, il s'agit d'une formation de double fond. Si le deuxième fond ne peut pas casser le plus bas du premier, c'est un signal fort qu'un renversement va se produire. Une "ligne de cou" est tracée au sommet entre les deux "creux". Dans le cas d'un double fond, vous pouvez envisager de placer votre ordre d'entrée long (achat) au-dessus de la "ligne de cou" car vous vous attendez à un changement de tendance à la hausse.

Un **double sommet** est généralement formé après une tendance haussière prolongée, et il indique qu'une tendance baissière peut être imminente. Les "tops" sont des sommets qui se forment lorsque le prix atteint un certain niveau de résistance qui ne peut être brisé. Après avoir atteint ce niveau, le prix rebondit légèrement, mais revient ensuite pour tester à nouveau ce niveau. Si le prix rebondit à nouveau sur ce niveau, vous avez alors un double sommet. Si le deuxième sommet ne peut pas dépasser le sommet du premier sommet, c'est un signal fort qu'un renversement va se produire. Une "ligne de cou" est tracée au niveau le plus bas entre les deux "sommets". Dans le cas d'un double sommet, vous pouvez envisager de placer votre ordre d'entrée (de vente) en dessous de la "ligne de cou", car vous vous attendez à un changement de tendance vers le bas.

CHAPITRE 10:

Les arguments les plus courants contre les bitcoins et les cryptomonnaies – avec des réponses

Les cartes de crédit et l'argent liquide sont acceptés par la plupart des commerçants, mais le bitcoin est peu accepté :

Actuellement, c'est en grande partie vrai, mais la réalité est en train de changer. Il y a maintenant plus de 150 000 marchands dans le monde qui acceptent le bitcoin comme mode de paiement. Début 2014, overstock.com est devenu le premier grand détaillant à accepter Bitcoin. Parmi les autres entreprises qui acceptent les paiements figurent Subway, Wordpress, Virgin Galactic, Reddit, Wikipedia, Shopify, OKCupid, Amazon, Paypal et Ebay. Il y a plus, fin novembre 2017, l'un des quatre grands cabinets comptables, PricewaterhouseCoopers, a déclaré avoir accepté un paiement en bitcoin pour ses services de conseil.

Un point essentiel à garder à l'esprit est que les crypto-monnaies ne sont pas des monnaies fiduciaires. Elles ne deviennent similaires à une monnaie fiduciaire que lorsqu'un gouvernement déclare qu'elles ont cours légal. Si cela devait arriver, alors oui, votre vélo ou votre café local devrait les accepter quand vous choisissez de les dépenser.

Les pouvoirs gouvernementaux n'abandonnent pas leur contrôle de la monnaie sans se battre. Ils vont écraser les crypto-monnaies :

La possibilité et le risque d'une intervention gouvernementale existent, mais il n'y a pas de mouvement croissant en ce sens. Quelques pays les ont interdites et leurs prix et leur acceptation par le grand public n'ont fait que croître. Même parmi les bannières, seules certaines activités ont été interdites, par exemple les ICO's.

Le bitcoin et les autres cryptomonnaies bénéficient des avantages du premier arrivé, mais qu'en est-il de la concurrence future ?

Pas besoin d'attendre l'avenir, les concurrents existent déjà. Jusqu'à présent, la valeur marchande des principales cryptos "first mover" n'a fait qu'augmenter. Les cryptos les plus populaires sont principalement utilisées pour stocker ou accroître la richesse. En d'autres termes, de nombreuses personnes achètent des cryptos simplement parce qu'elles s'attendent à ce que le prix augmente. La concurrence offre aux gens davantage d'options, mais elle n'a détruit aucun des principaux acteurs. Par exemple, ce n'est pas parce qu'une nouvelle société est cotée en bourse que ses concurrents s'effondrent automatiquement. De nombreux investisseurs préfèrent simplement se diversifier.

CHAPITRE 11:
Ce que l'on peut attendre dans un avenir proche

J'ai délibérément utilisé ce que l'on peut attendre dans un avenir proche, car faire des affirmations à long terme sur les cryptomonnaies est, à mon avis, une course folle.

Moins de folie des ICO

La folie des ICO perdra un peu de sa mentalité irrationnelle de ruée vers l'or et nous assisterons à une amélioration de l'autosurveillance de la part des acteurs actuels du marché. Le public et les régulateurs gouvernementaux ont des limites à ce qu'ils peuvent tolérer.

Règlements pertinents

Le commerce du bitcoin et d'autres crypto-monnaies reste en grande partie non réglementé. J'ai récemment pris conscience de la quantité d'agences qui revendiquent la juridiction sur les crypto-monnaies. Rien qu'aux États-Unis, on trouve le FinCEN du département du Trésor, la Securities and Exchange Commission et l'Internal Revenue Service (IRS). L'histoire devient encore plus bizarre, car les régulateurs ne s'accordent même pas sur ce qu'est un bitcoin. Par exemple, l'IRS le considère comme une propriété et la Commission de négociation des contrats à terme sur matières premières le considère comme une marchandise. Pour les participants au marché, cela porte la confusion à son comble. Malgré cette confusion, pour renforcer la confiance des marchés de détail et institutionnels, il est nécessaire de mettre en place une réglementation plus appropriée pour ce marché en pleine croissance. Cela devrait également inclure des sanctions rapides et sévères pour ceux qui commettent des abus.

J'attends de voir plus de

Ce que j'attends avec impatience de voir dans le futur proche de la crypto-monnaie.

1-Les bourses vont améliorer à la fois la sécurité et leur capacité à faire face aux pics de demande. Même si les bourses de crypto-monnaies ne sont pas soumises au même niveau d'examen que les bourses traditionnelles, il sera de plus en plus difficile de continuer à parler de la sécurité. Pourquoi ? Le paysage de la crypto-monnaie a suffisamment d'histoires tristes de piratage et de vol de millions. Aucune région du monde n'a le droit de montrer du doigt. Cela arrive à l'Est comme à l'Ouest, aux petits comme aux grands échanges. Contrairement aux fonds déposés dans votre banque locale, si votre compte est piraté sur un marché boursier, il y a très peu de recours pour récupérer vos fonds et, à ce jour, aucune assurance n'est disponible. Tout le monde sait que les pirates sont à la recherche de comptes de crypto-monnaies, c'est pourquoi la défense doit être renforcée. Les menaces internes constituent une autre série de maux de tête, allant du délit d'initié à d'autres fautes financières commises par les employés.

Plusieurs des bourses réglementées et plus importantes ont cédé à la demande de nouveaux comptes lors des récentes explosions du marché. Elles obtiendront un laissez-passer cette fois-ci, mais combien de fois encore le public ou les personnes au pouvoir resteront-ils aussi indulgents ?

2- L'automne 2017 a vu le lancement des contrats à terme sur le bitcoin et il sera intéressant de voir comment cela se passe. Le public a demandé un marché plus réglementé, et le trading sur un marché à terme est une question de réglementation. C'est également la première fois que les négociants en bitcoins peuvent couvrir leur position sur un marché réglementé. Ils peuvent maintenant prendre l'autre côté du marché, en vendant à découvert.

3- Plus de pièces, ce qui élimine le besoin de mineurs. Actuellement, la majorité du minage de Bitcoin est effectuée par une poignée d'entreprises. Ce n'est pas une situation saine pour le marché car elles peuvent utiliser cette influence de manière indésirable.

4-L'amélioration de la vitesse des transactions semble attirer l'attention de nombreux influenceurs du secteur. Même pour les fans de Bitcoin, le rythme relativement lent d'une transaction de routine peut être un problème. Plusieurs cryptos relèvent ces défis et je suis impatient de voir comment leurs histoires se développent.

Le bitcoin et les crypto-monnaies ont beaucoup évolué depuis l'époque où ils étaient principalement associés à des criminels. Aujourd'hui, la sensibilisation du public est à la fois plus large et plus positive. Les transactions à terme sur le bitcoin sont même autorisées par les plus grandes entreprises de Wall Street, ce qui, il n'y a pas si longtemps, aurait fait l'objet de moqueries. Pour que le progrès se poursuive comme je l'ai exposé, il faut moins de battage, des réglementations pertinentes et une plus grande sécurité et transparence des échanges. Ces suggestions, je pense, permettront aux crypto-monnaies, en tant que classe d'actifs, de dépasser la phase des adeptes précoces.

CONCLUSION

Merci d'être arrivé jusqu'à la fin du *Guide définitif pour maîtriser le bitcoin et les crypto-monnaies*. Espérons qu'il a été instructif et qu'il vous a fourni les outils dont vous avez besoin pour atteindre vos objectifs de trading de crypto-monnaies et gagner de l'argent. L'étape suivante consiste à tester vos compétences en matière de trading et à constituer votre capital-risque. Cela vous donnera la motivation dont vous avez besoin pour réussir. J'ai plusieurs autres livres sur différents aspects du trading et des classes d'actifs, veuillez les consulter !

PROFIL DE L'AUTEUR

Wayne Walker est le fondateur de GCMS, une société de conseil et d'éducation sur les marchés financiers (gcmsonline.info). Il fait autorité en matière de trading et d'éducation sur les crypto-monnaies. En plus d'avoir lancé le premier cours de formation sur les crypto-monnaies en Europe du Nord, il est également un auteur très lu et un journaliste invité de Cryptcoin.news, l'une des principales voix du secteur. Les personnes qui souhaitent sérieusement négocier et investir dans les crypto-monnaies sont invitées à contacter le GCMS.

VOCABULAIRE ESSENTIEL DU BITCOIN

Blockchain : Il s'agit d'un registre public des transactions Bitcoin dans l'ordre chronologique. La blockchain est partagée entre tous les utilisateurs de Bitcoin. Elle est utilisée pour vérifier la permanence des transactions en bitcoins et pour empêcher les doubles dépenses.

Bloc : Est un enregistrement dans la blockchain qui contient et confirme les transactions en attente. Toutes les 10 minutes environ, en moyenne, un nouveau bloc comprenant des transactions est créé dans la blockchain grâce au minage.

Bloc Genesis : C'est le tout premier bloc qui a été créé et le début de la blockchain.

Taux de hachage : C'est l'unité de mesure de la puissance de traitement du réseau Bitcoin. Le réseau Bitcoin doit effectuer des opérations mathématiques intensives à des fins de sécurité. Lorsque le réseau a atteint un taux de hachage de 10 Th/s, cela signifie qu'il pouvait effectuer 10 trillions de calculs par seconde.

Exploitation minière : Il s'agit du processus consistant à faire effectuer au matériel informatique des calculs mathématiques pour le réseau Bitcoin afin de confirmer les transactions et d'accroître la sécurité. En récompense de leurs services, les mineurs de bitcoins peuvent percevoir des frais de transaction pour les transactions qu'ils confirment, ainsi que des bitcoins nouvellement créés. Le minage est spécialisé et compétitif ; les récompenses sont divisées en fonction de la quantité de calculs effectués.

Confirmation : La confirmation signifie qu'une transaction a été traitée par le réseau et qu'il est très peu probable qu'elle soit annulée. Les transactions reçoivent une confirmation lorsqu'elles sont incluses dans un bloc et pour chaque bloc suivant. Même une seule confirmation peut être considérée comme sûre pour les transactions de faible valeur, bien que pour des montants plus importants, comme 1000 US$, il soit judicieux d'attendre plusieurs confirmations supplémentaires.

Double dépense : Si un utilisateur malveillant tente de dépenser ses bitcoins à deux destinataires différents en même temps, il s'agit d'une double dépense. Le minage de bitcoins et la chaîne de blocs sont là pour créer un consensus sur le réseau quant à savoir laquelle des deux transactions sera confirmée et considérée comme valide.

Clé privée : Est un élément secret de données qui prouve votre droit de dépenser des bitcoins à partir d'un portefeuille spécifique par le biais d'une signature cryptographique. Votre/vos clé(s) privée(s) est/sont stockée(s) dans votre ordinateur si vous utilisez un portefeuille logiciel ; elle(s) est/sont stockée(s) sur des serveurs distants si vous utilisez un portefeuille web. Les clés privées ne doivent jamais être révélées car elles vous permettent de dépenser les bitcoins de votre portefeuille Bitcoin respectif.

Signature : Une signature cryptographique est un mécanisme mathématique qui permet à quelqu'un de prouver sa propriété. Dans le cas de Bitcoin, un porte-monnaie Bitcoin et sa ou ses clés privées sont liés par une magie mathématique. Lorsque votre logiciel Bitcoin signe une transaction avec la clé privée appropriée, l'ensemble du réseau peut voir que la signature correspond aux bitcoins dépensés. Cependant, il n'y a aucun moyen pour le monde de deviner votre clé privée pour voler vos bitcoins.

Portefeuille : Un portefeuille Bitcoin est plus ou moins l'équivalent d'un portefeuille physique sur le réseau Bitcoin. Le portefeuille contient en fait votre ou vos clés privées qui vous permettent de dépenser les bitcoins qui lui sont attribués dans la blockchain. Chaque portefeuille Bitcoin peut vous montrer le solde total de tous les bitcoins qu'il contrôle et vous permet de payer un montant à une personne spécifique.

Stockage à froid : Il s'agit du processus consistant à déplacer vos bitcoins vers un portefeuille hors ligne. L'avantage de cette méthode est que personne ne peut pirater votre ordinateur et voler vos clés privées si votre ordinateur n'est pas connecté à un réseau. Les bitcoins devront être ressortis de la chambre froide pour être dépensés ou transférés à nouveau.

Adresse : Une adresse Bitcoin est une chaîne unique de 27 à 34 caractères alphanumériques. Une adresse peut être créée librement à l'aide d'un portefeuille et commence toujours par un 1 ou un 3.

Monnaies alternatives : Les nombreuses monnaies alternatives qui ont vu le jour à partir de l'idée et/ou du code de base du Bitcoin. Parmi les plus connues, citons Litecoin, IOTA et Ripple.

Fork : Un "fork" est une modification du logiciel de la monnaie numérique qui crée deux versions distinctes de la blockchain avec un historique partagé. Les fourchettes peuvent être temporaires ou permanentes et créer deux versions distinctes de la blockchain. Lorsque cela se produit, deux monnaies numériques différentes sont également créées.

DDOS : Abréviation de "Distributed Denial of Service" (déni de service distribué). Une attaque DDoS bien programmée sur les bourses lors de mouvements volatils peut être dévastatrice car les traders ne pourront plus exécuter d'ordre manuellement et seront à la merci de leurs ordres préétablis.

*L'infographie du chapitre 2 a été créée par CB Insights.

www.ingramcontent.com/pod-product-compliance
Lightning Source LLC
Chambersburg PA
CBHW070446220526
45466CB00004B/1776